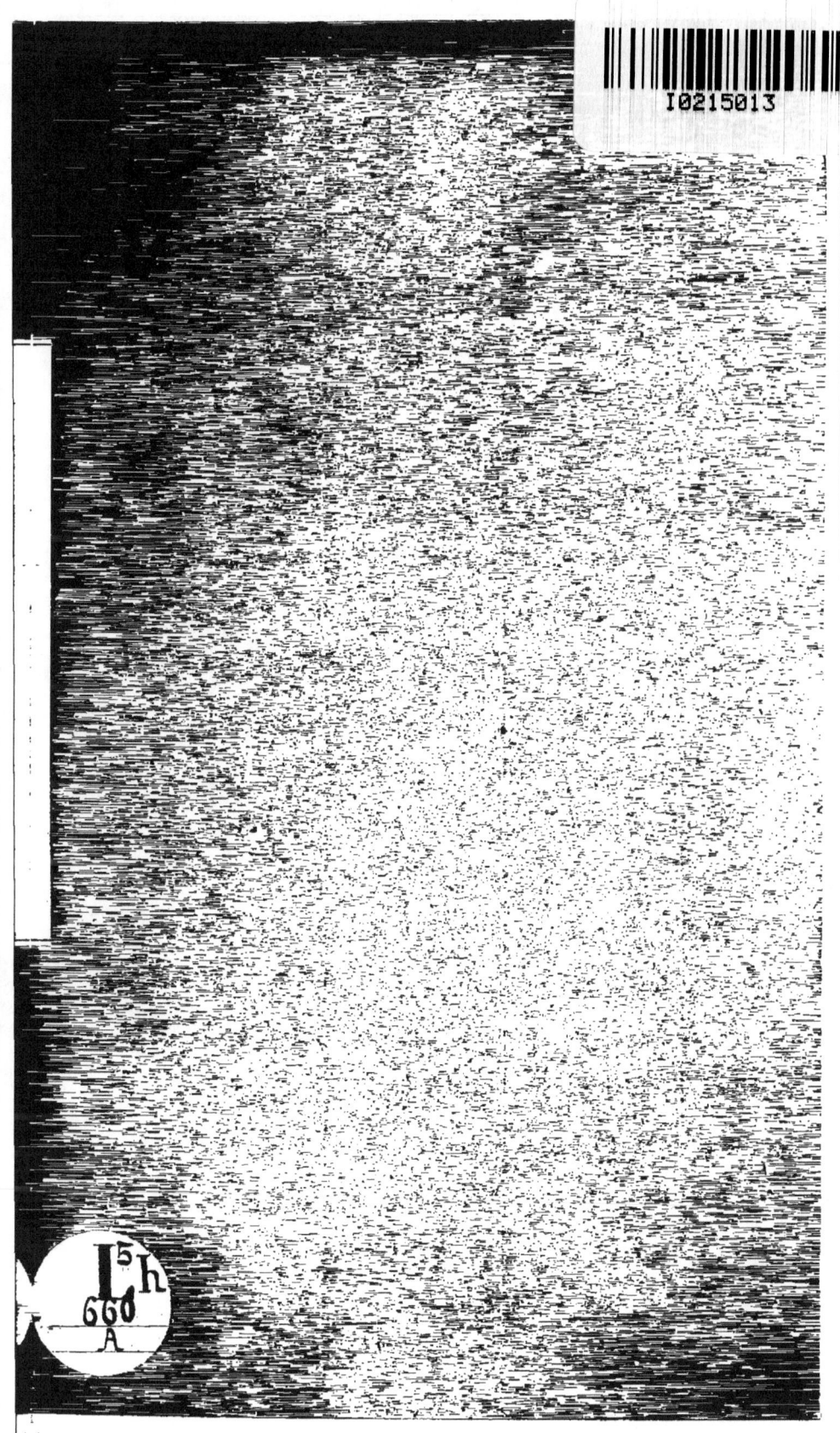

LA VÉRITÉ

SUR LE

SIÉGE DE PÉRONNE

LA VÉRITÉ

SUR LE

SIÉGE DE PÉRONNE

RÉPONSE AU GÉNÉRAL FAIDHERBE

PAR

LOUIS CADOT

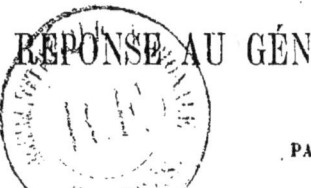

Deuxième Édition.

PÉRONNE
IMPRIMERIE RÉCOUPÉ, LIBRAIRE-ÉDITEUR
GRAND'PLACE, 15 ET 17

1872

Les jours anniversaires du siége de Péronne vont rappeler les habitants de cette ville à des devoirs de piété et de reconnaissance qu'ils ne manqueront pas d'accomplir.

Mais le deuil de la cité serait trop cruel, si le souvenir d'insinuations téméraires pesait encore sur elle. Je viens opposer la vérité à des accusations injustes, et je dédie ce travail à tous ceux de mes concitoyens qui, en exposant généreusement leur vie, ont contribué à conserver sauf l'honneur de Péronne.

L. C.

LA VÉRITÉ

SUR

LE SIÉGE DE PÉRONNE

Péronne, l'une des villes de France les plus cruellement éprouvées pendant la dernière guerre, est aussi l'une des plus malheureuses victimes du procédé barbare de bombardement mis en usage par les armées allemandes.

La généreuse petite cité, par une résistance prolongée jusqu'au dernier terme, a largement payé sa dette à la patrie; les souffrances qu'elle a courageusement supportées lui assignent dans l'histoire une place qu'on pourra trouver modeste, mais qui ne sera pas sans mérite.

Aujourd'hui, Péronne est récompensée de son dévouement par des appréciations erronées et contradictoires qu'il ne faut pas laisser s'accréditer plus longtemps. Il importe à l'honneur de la ville de réfuter des opinions fausses ou passionnées qui pourraient, en altérant la vérité des faits, donner quelque vraisemblance à des attaques injustifiables.

Ce rapide travail n'a d'autre but que de rectifier les jugements mal fondés qui ont été portés sur Péronne. Il ne contiendra pas le récit détaillé des événements qui se sont succédé pendant treize jours dans les murs de la ville; ce n'est pas l'histoire complète du siége qu'on veut écrire ici, mais seulement un simple exposé qui suffira à la réfutation d'accusations imméritées.

Au lendemain du siége, beaucoup de personnes blâmaient vivement la résistance de Péronne, qu'elles trouvaient exagérée. Il faut reconnaître que les ruines encore fumantes et les deuils nouveaux, qui chaque jour venaient affliger les familles, donnaient à ce blâme un caractère navrant qui était de nature à frapper les esprits. Aussi quand les journaux belges, les seuls alors qui apportassent de loin en loin des nouvelles, publièrent les dépêches du général Faidherbe, en date des 12 et 13 janvier, on n'attacha d'abord aucune importance à l'accusation de faiblesse qu'il faisait peser sur la ville de Péronne. La renommée du général ne parvenait pas à donner à ses jugements le crédit que leur refusaient la saine appréciation des faits et l'opinion de ceux qui avaient été les témoins de la défense.

Il est à peine besoin de répondre à ceux qui accusent la résistance d'avoir été excessive. Cette opinion tombera d'elle-même à mesure que la trace de nos malheurs s'effacera. Il y a quelque honneur, en matière de patriotisme, à dépasser la stricte limite du devoir, et l'histoire a toujours eu des faveurs pour ceux qui n'ont péché que par trop de dévouement.

Il en est tout autrement des attaques que le général Faidherbe a cru devoir renouveler dans son récit de la campagne de l'armée du Nord. Elles pourraient trouver dans le nom même du général, dans l'éclat de ses services, une autorité que le temps ne ferait qu'accroître. Une réponse est nécessaire : les faits précis sur lesquels elle s'appuiera la rendront facile et péremptoire.

Ce qu'il importe d'abord d'établir, c'est la situation de Péronne avant le siége, et la résistance qu'il était raisonnable et possible d'attendre de cette place.

Péronne, dont la superficie n'est que de soixante-quinze hectares environ (1), est de tous côtés dominée par des hauteurs situées à quinze ou dix-huit cents mètres du corps de place, dont les ouvrages, quoi qu'on en ai dit, ne sont pas défilés contre l'artillerie actuelle placée à ces distances. Les batteries ennemies, établies à la ligne de l'horizon, offraient à notre artillerie un but à la fois invisible et mobile.

Qu'avions-nous pour résister? A peine la moitié de l'armement nécessaire, 47 pièces de tout calibre et de toute forme, au lieu de 90, nombre réglementaire.

La garnison, suffisante comme nombre, était presque entièrement composée de mobiles et de mobilisés mal armés, et sans aucune instruction militaire. Ces hommes non encore aguerris, non disciplinés, étaient, par suite des circonstances, disséminés dans les maisons particulières, loin de la main de leurs chefs. Ils ne pouvaient donc, malgré leur valeur individuelle, rivaliser avec les quelques marins qui faisaient le service des pièces et qui se sont montrés d'excellents soldats, sur les traces desquels ont marché de près les artilleurs de la mobile. Il ne fut pas possible d'atteler deux canons de campagne pour appuyer au besoin une sortie, qui d'ailleurs ne pouvait être faite qu'à grande distance, au-delà des crêtes.

Que devait-on demander à une ville dans de pareilles conditions?

On devait lui demander, non de se défendre à outrance, mais de résister aussi longtemps qu'un intérêt supérieur lui commanderait de se sacrifier. Au-delà de

---

(1) Ce chiffre comprend la surface totale de la ville, avec toutes ses défenses et dépendances. La superficie intérieure, faubourgs non compris, n'atteint pas vingt-huit hectares.

cette limite, on n'avait pas le droit de laisser souffrir en pure perte la population restée dans ses murs.

Voici quelle était, avant le siége, l'opinion des hommes sérieux, de ceux qui sont sans forfanterie avant le danger, et qui savent conserver dans le péril leur sang-froid et leur énergie : ils pensaient que Péronne pouvait servir de point d'appui à une armée manœuvrant pour défendre les passages de la Somme contre l'envahissement du Nord, ou pour protéger une retraite ; mais qu'elle n'était ni située, ni armée pour soutenir un siége en règle, et qu'il lui serait impossible de subir un bombardement prolongé. On ne pouvait demander à Péronne de résister jusqu'à l'effondrement de son dernier abri, qu'à la condition de lui donner une garnison suffisamment instruite et un armement réglementaire. Encore cet armement d'une autre époque n'aurait-il pas répondu aux progrès réalisés par l'ennemi dans ses moyens d'attaque. Le rôle de la ville consistait donc à se dévouer aussi longtemps que possible. Quant à la limite de ce dévouement, elle pouvait, suivant les circonstances, varier d'heures ou de jours, mais il n'entrait dans la pensée de personne qu'une place dans de pareilles conditions de faiblesse, tiendrait indéfiniment contre les puissants moyens de l'ennemi.

Tel était l'état des esprits quand commença le siége de la ville, le vingt-huit décembre à deux heures de l'après-midi.

La première période du bombardement fut terrible. Neuf batteries dissimulées dans des replis de terrain naturels, éclatèrent à la fois de six côtés différents, et produisirent une impression foudroyante sur une population surprise presque à l'improviste.

Jusqu'au 29 décembre à quatre heures du soir, l'ennemi ne lança pas sur la ville moins de six cents projectiles par heure, et alluma de nombreux incendies qu'une gelée intense empêchait d'éteindre. L'hôpital, que trois drapeaux de Genève, parfaitement visibles, signalaient à l'attention de l'armée assiégeante, fut le premier édifice consumé. L'artillerie de la place ripostait avec énergie, et non sans succès, de l'aveu même des Prussiens. La garnison, impuissante contre les troupes ennemies éloignées et invisibles, était employée à garder les ouvrages de la Place dont la gelée facilitait l'approche, à servir les pièces, et à combattre les incendies. Quant à la population civile, à part un petit nombre d'exceptions, elle se soumettait avec résignation.

Après vingt-six heures d'une canonnade violente, le bombardement continua avec une moindre intensité jusque dans la soirée du 30 décembre; puis quelque répit fut laissé à la ville pendant deux jours; mais le feu de la place ne cessa de se faire entendre, et il est impossible que l'on ait pu croire au dehors, à la levée du siège.

Le 2 janvier, l'ennemi recommença le feu à huit heures du matin; il avait installé au sud et au sud-ouest de Péronne, sur la rive gauche de la Somme, vingt-deux pièces de siège complétement cachées par des accidents de terrain, et qui devaient produire des résultats non moins désastreux que ceux des premières journées.

Un grand nombre de personnes craignant d'être atteintes jusque dans les caves de leurs maisons, s'entassaient dans les souterrains, qui devenaient insuffisants et très-malsains.

Le conseil de défense, pour éviter les malheurs qui menaçaient les habitants et faciliter ainsi la résistance, envoya des parlementaires pour demander à l'ennemi de laisser sortir de la Place la population inoffensive.

Le résultat de cette démarche est constaté au procès-verbal qui suit :

« Le bombardement de la ville de Péronne par
« l'armée prussienne ayant recommencé avec une
« nouvelle intensité le deux janvier mil huit cent-
« soixante-et-onze, à huit heures trois quarts du matin,
« le conseil de défense, réuni d'urgence, résolut d'en-
« voyer des parlementaires à l'ennemi pour obtenir de
« lui l'autorisation de faire sortir de la Place les
« vieillards, les malades, les femmes et les enfants, et
« désigna pour remplir cette mission MM. Louis Cadot,
« chef de bataillon, commandant la garde nationale
« sédentaire, Oscar Gonnet, vice-président de la com-
« mission municipale, et Friant, premier vicaire de la
« paroisse

« En conséquence, munis des pouvoirs de M. le
« commandant de place et d'une délégation de M. Four-
« nier, maire de Péronne, les soussignés ont fait les
« démarches qui sont constatées par le présent procès-
« verbal. Partis de la mairie à dix heures et demie du
« matin, ils ont dû, dans l'ignorance où ils étaient de
« l'endroit où était établi le quartier général de l'armée
« assiégeante, se diriger sous le feu, vers les hauteurs
« de Barleux, d'où paraissaient venir les projectiles.

« Arrivés à onze heures et demie au haut de la
« première montée du chemin de Barleux, ils furent
« reçus par deux officiers prussiens, dont l'un était un
« officier supérieur commandant le détachement.

« Après avoir examiné les pouvoirs des parlementai-
« res, cet officier leur dit qu'il n'avait pas qualité
« pour traiter avec eux, et qu'ils devaient s'adresser au
« général commandant en chef de l'armée assiégeante,
« dont le quartier général devait se trouver à Doingt,
« ou au Mesnil-Bruntel, ou à Cartigny.

« Les soussignés lui répondirent qu'ils ne pouvaient
« admettre qu'on les obligeât à perdre un temps précieux
« à chercher après le général prussien; qu'il était
« d'usage constant que les parlementaires, une fois
« reçus aux avant-postes fussent conduits par l'ennemi
« lui-même auprès de celui qui a pouvoir de traiter
« avec eux. Et ils demandèrent :

« 1° Qu'on les menât directement au quartier
« général;

« 2° Que le feu fût suspendu jusqu'à l'entier accom-
« plissement de leur mission.

« Ils n'obtinrent, à leur première demande qu'un
» refus formel; et à la seconde, que la promesse
« dérisoire d'une suspension de tir de dix minutes,
« pour leur permettre de regagner les portes de la ville.

« Cependant, après une vive insistance de leur part,
» il fut convenu que le feu cesserait pendant une heure.

« Il était midi quand les soussignés reprirent le
« chemin de Péronne, qu'ils traversèrent dans toute sa
« longueur en se dirigeant vers Doingt.

« Ils furent arrêtés un peu avant la maison de M. For-
« get et conduits, les yeux bandés, dans une maison
« du village, où ils attendirent environ pendant une
« heure, après laquelle on les fit monter dans une
« charrette, pour les conduire sous escorte au quartier
« général à Tincourt-Boucly.

« Ils n'arrivèrent qu'à quatre heures et demie et
« éprouvèrent la plus pénible émotion en entendant le
« canon, que le bruit de la charrette les avait empêchés
« de percevoir pendant le trajet.

« Deux officiers se présentèrent, et, après avoir pris
« connaissance de l'objet de la démarche des parlemen-
« taires, leur dirent que le général était absent pour
« une heure ou deux, mais qu'on pouvait présumer

« avec certitude que sa réponse serait négative et qu'il
« était inutile de l'attendre.

« Les soussignés demandèrent une réponse écrite
« qui leur fut refusée. Ils insistèrent pour remplir leur
« mission auprès d'un chef ayant pouvoir de traiter, et
« déclarèrent que leur devoir était d'attendre.

« On leur permit seulement alors de descendre de la
« charrette, et on les fit entrer dans la salle à manger
« du château de Boucly, où ils restèrent seuls pendant
« six quarts d'heure, traités sans aucune courtoisie,
« comme de véritables prisonniers, gardés par deux
« sentinelles qui les repoussaient brutalement dans
« l'appartement chaque fois qu'ils en ouvraient la
« porte. Enfin, à six heures, un officier vint dire aux
« parlementaires que le général, dont il avait pris les
« ordres, opposait un refus absolu à toute proposition
« autre qu'une offre de capitulation. Il ajouta, sous
« forme de conversation, que le commandant de la
« forteresse avait tort de s'entêter dans sa résistance,
« qu'il devrait rendre la place, et qu'on lui accorderait
« les conditions de Sedan.

« Les soussignés répondirent qu'ils n'avaient aucun
« pouvoir pour traiter de la capitulation, mais qu'il leur
« aurait paru convenable d'être admis à faire valoir
« auprès du général les considérations d'honneur et
« et d'humanité qui militaient en faveur de leur
« demande, que jusqu'à présent la population civile
« souffrait seule du siége, que l'incendie de l'hôpital
« rendait intolérable la situation des malades, et qu'il
« ne pouvait entrer dans les vues d'un loyal ennemi de
« s'attaquer seulement aux femmes, aux enfants et aux
« malades, et d'incendier des hôpitaux et des églises
« au lieu de battre en brèche des murailles. Ils insistè-
« rent de nouveau pour obtenir une réponse écrite qui

« put servir de pièce à conviction devant l'histoire.

« L'officier prussien leur dit qu'ils devaient se con-
« tenter d'une réponse verbale, et n'hésita pas à ajouter
« que les maux infligés à la population civile étaient
« pour l'armée assiégeante son principal moyen d'action;
« que d'ailleurs la France, en déclarant la guerre, était
» allée au devant de tous les malheurs qu'elle subissait.

« Les soussignés répliquèrent qu'ils ne croyaient
« pas de leur dignité d'engager une discussion avec un
« officier sans pouvoirs, et qu'ils n'avaient plus qu'à
« se retirer. Ils ne le firent pas toutefois sans avoir
« protesté contre la situation du feu qui, malgré le
« drapeau blanc arboré sur la tour, n'avait cessé de se
« faire entendre pendant tout leur séjour à Tincourt-
« Boucly.

« Les soussignés regagnèrent alors la ville de Pé-
« ronne, où ils arrivèrent à neuf heures du soir avec la
« douleur de ne rapporter à une population si malheu-
« reuse qu'une réponse décevante, et se rendirent
« directement à la Place pour faire connaître le résultat
« de leur mission.

« Fait à Péronne, le trois janvier mil huit cent
« soixante-et-onze.

« *Signé :* L. Cadot.
« O. Gonnet.
« Friant. »

Pendant l'absence des parlementaires, on avait entendu dans la direction du nord le bruit d'une bataille. C'était, pensait-on, l'armée du nord qui manœuvrait pour venir secourir Péronne.

Le lendemain, 3 janvier, le bruit du canon se fit entendre plus distinctement encore dans la direction de Bapaume; les espérances devinrent plus vives, et il n'était pas de sacrifices auxquels on ne fût prêt dans la pensée que Péronne aurait ce bonheur, unique dans une guerre néfaste, d'être secourue à temps, et de n'avoir pas enduré d'inutiles souffrances.

Le commandant de la place pensa que la bataille qui se livrait non loin de la ville, et qui se prolongeait depuis la veille, avait dû diminuer l'effectif des troupes d'investissement. Il résolut en conséquence de tenter une sortie dont le résultat devrait être d'enclouer les canons que notre artillerie, malgré ses efforts, ne parvenait pas à réduire au silence.

La sortie fut ordonnée pour le 4 janvier, à trois heures du matin, après le coucher de la lune. Elle devait être opérée par six cents hommes; la prudence ne permettait pas d'en détacher un plus grand nombre. Un concours fatal de circonstances empêcha d'effectuer cette sortie, et ce fut un bonheur, car il résulte de renseignements certains que nos hommes se seraient trouvés en face de forces prussiennes tellement supérieures en nombre qu'ils auraient été facilement repoussés.

L'ennemi continuait à tirer sur la ville avec une désespérante régularité; d'instant en instant, de nouveaux incendies se déclaraient et consommaient la destruction de la ville.

Pourtant, l'espérance d'un secours survivait encore; le 4 janvier, certains indices firent croire au succès de l'armée du Nord et présager son arrivée; le 5, on crut un instant que cet espoir allait se réaliser : vers trois heures de l'après-midi, on vit une colonne nombreuse arriver par la route de Bapaume au Mont-Saint-Quentin. On se précipite, haletant, sur les remparts avec des longues-vues. C'est à qui, le premier, saluera de ses acclamations le drapeau tricolore. Hélas ! ce qu'on avait pris pour l'avant-garde victorieuse de l'armée du Nord, n'était qu'un bataillon prussien fourvoyé qui venait s'exposer au feu de la place. Au premier coup de canon, ces imprudents font volte-face, et vont se replier derrière la hauteur ; quelques-uns d'entre eux seulement se détachent pour emporter les morts ou les blessés. Ils avaient depuis longtemps disparu, qu'une fusillade enragée, dirigée des remparts, hors de portée, sur chaque buisson, sur chaque repli de terrain, durait encore, tant était poignante la déception qu'on venait d'éprouver.

C'est alors surtout que l'attente parut longue, quoique encore raisonnable. Le 6, on put la trouver exagérée. Après cette date, la plupart des hommes sérieux la considérèrent comme insensée. Qui aurait pu croire, en effet, qu'une armée victorieuse se reposerait pendant six jours, à cinq lieues d'une place assiégée ? Mais le général Faidherbe « *prenant en considération la* » *fatigue des troupes et le froid extrêmement rigoureux* » *qu'elles avaient à supporter, avait résolu de reprendre* » *ses cantonnements à quelques kilomètres en arrière,* » *en remettant à quelques jours la marche sur Péronne,* » *si elle redevenait nécessaire.* » (Campagne de l'armée du Nord, page 47.) Hélas ! jamais cette marche n'avait été plus nécessaire, et la généreuse armée n'aurait pas marchandé avec la fatigue pour venir se chauffer glorieusement aux incendies de Péronne.

Enfin, le 9 janvier, après six jours d'attente qui avaient accumulé les malheurs, après treize jours d'un siége qui peut être placé au nombre des plus terribles dont l'histoire fasse mention, la petite ville entra en pourparlers avec l'ennemi.

On réitéra la demande de faire sortir des murs les femmes et les enfants, et ce ne fut que sur un refus absolu qu'on consentit à traiter de la reddition de la place. Les Prussiens, en raison de la résistance énergique qu'ils avaient rencontrée, se laissèrent arracher des conditions moins dures que celles qui avaient été imposées jusque-là à la plupart des villes (1), et le 10 janvier Péronne ouvrit ses portes. — Parmi toutes les places que les malheurs de la dernière guerre ont orcées à subir cette nécessité, elle était l'une de celles qui avaient le plus longtemps résisté, et peut-être celle qui avait le plus souffert.

L'ennemi enregistrait un nouveau succès obtenu à l'aide de moyens que le monde jugera. On admirera les résultats dus au nombre et à l'organisation, mais on cherchera en vain dans cette armée victorieuse, l'esprit chevaleresque sans lequel il n'y a pas de gloire militaire, et la générosité du caractère qui met le sceau à la victoire.

Quoi qu'il en soit, la ville de Péronne avait capitulé. Le devait-elle ?

Il est vrai que nos remparts, à l'exception du front de la porte de Paris, n'avaient pas sensiblement souffert du feu de l'ennemi, et qu'il nous restait en batterie trente-cinq pièces sur quarante-sept ; mais, ce n'est pas contre nos murailles qu'aurait été employé le matériel de siége (52 pièces), dont le général Barnckow menaçait la ville, et qui, le 9 janvier, était déjà en partie arrivé et placé. L'ennemi aurait continué avec une nouvelle rigueur le bombardement, et en peu de temps la capitulation aurait été absolument inévitable.

---

(1) Voici les termes de l'article 5 de la capitulation : « *En raison de la résistance énergique de Péronne, eu égard à sa faible position et aux dégâts produits par le bombardement, la ville sera exempte, etc...* »

On voit que l'ennemi rendait hommage à la défense de Péronne, et l'on ne saurait trop déplorer la légèreté avec laquelle un général français a accusé une ville devant es ruines de laquelle les Prussiens eux-mêmes ont été obligés de s'incliner avec espect.

Que Péronne ait pu tenir quelques heures de plus, quel eut été le résultat de son sacrifice? Aurait-elle protégé l'armée du Nord dans ses manœuvres, gêné sensiblement l'ennemi dans les siennes; aurait-elle été secourue? L'armée du Nord s'était retirée, le 4, sur Boileux, et il n'y a pas d'apparence que la résistance de Péronne prolongée quelques heures ou, par impossible, quelques jours de plus, cût en rien modifié sa situation. D'ailleurs, l'inaction du général Faidherbe du 4 au 10 janvier avait permis aux Prussiens de se remettre de leur défaite du 3. Les 7, 8 et 9 janvier, l'armée d'investissement avait reçu des renforts considérables, et à partir de cette date toute tentative faite pour dégager Péronne eût été infructueuse.

Le général Faidherbe paraît, d'après sa première dépêche, n'avoir appris la capitulation de Péronne que le 12 janvier, dans l'après-midi. Il faut reconnaître que les nouvelles lui arrivent tard, car des officiers de la garnison de Péronne, prisonniers sur parole, étaient dès le 11 à Bapaume, où se trouvait le général; et le 11 au soir l'article suivant, écrit par un officier de l'armée du Nord, paraissait dans l'*Ordre* d'Arras :

« Nous recevons la lettre suivante qui est d'un homme
« connaissant les choses dont il parle; nous lui laissons
« par conséquent la responsabilité de ses jugements.

PÉRONNE NON SECOURUE.

« Monsieur le Rédacteur,

« Péronne est prise! c'est un malheur qui pouvait
« être évité.

« Je dis que c'est un malheur qui pouvait être évité.

« En effet, quoique dominée de tous côtés, Péronne

« pouvait tenir 10 jours (1) et peut-être plus ; sa proxi-
« mité d'Arras et des places du Nord en rendait le siége
« dangereux.

« Et il était si facile à l'armée du Nord de débloquer
« cette ville ! Au lieu de reculer après Bapaume, ne
« pouvait-on avancer sur Péronne ? Pourquoi du moins
« ne pas le tenter ? Rien ne s'y opposait ; on s'est dit
« sans doute : Cette position est sans importance !

« Eh bien ! pour tout militaire qui a de l'expérience,
« Péronne était un point stratégique de la dernière
« importance.

« C'était la route de Paris.

« C'était par là que l'armée du Nord aurait dû
« manœuvrer, couper les lignes de Tergnier, se jeter
« dans la forêt de Compiègne, et menacer les derrières
« de l'ennemi et ses communications avec l'Allemagne.

« C'était le plan de Bourbaki.

« Il est un principe général que l'on ne devrait
« jamais oublier ; il faut aller chercher l'ennemi sur ses
« terres (à Tergnier et à La Fère) et non l'attirer sur son
« propre territoire.

« Maintenant l'armée prussienne forme autour de
« Lille une ceinture de fer qui, se joignant à la mer et
« à la Belgique, entrave notre marche. Cette ceinture a
« ses points d'appui à Sedan, La Fère, Péronne, Amiens
« et bientôt Abbeville.

« Comment ne s'est-on pas aperçu de cela ?

« Comment n'a-t-on pas agi plus tôt ? »

Est-ce cet article qui a motivé la dépêche du général
dans laquelle il est facile de voir une justification sous
une attaque ?

(1) Péronne a tenu treize jours.

Arras, 12 janvier, trois heures trente-cinq de l'après-midi.

Général Faidherbe à commissaire de la défense et à major adjoint.

« A mon arrivée à Bapaume, j'apprends avec stupéfaction que Péronne est entre les mains des Prussiens ; cependant j'avais été informé de la manière la plus certaine que le 3 janvier, par suite de la bataille de Bapaume, le siége avait été levé, et l'artillerie assiégeante retirée de devant la place. Depuis, j'avais manœuvré en présence de l'armée prussienne sur la foi de renseignements journaliers qui m'annonçaient que le bombardement n'avait pas recommencé. Que s'est-il donc passé ? si vous l'apprenez, faites-le moi savoir. Il est certain que pendant le bombardement l'artillerie de Péronne avait abîmé l'artillerie assiégeante, et que les défenses de cette place étaient restées intactes. « *Signé* : FAIDHERBE. »

On a peine à comprendre comment le général a pu tomber dans deux erreurs pareilles. Il a appris *de la manière la plus certaine,* dit-il dans sa dépêche, que par suite de la bataille de Bapaume, le siége de Péronne a été levé ; or, c'est la veille de la bataille de Bapaume, le 2 janvier, que le bombardement a recommencé pour n'être plus interrompu. Qui donc a ainsi trompé le général et a donné un caractère de certitude à ce qui était exactement le contraire à la vérité ?

La dépêche ajoute : » Depuis (sans doute depuis le 3 janvier) j'ai manœuvré en présence de l'armée prussienne sur la foi de renseignements journaliers qui m'annonçaient que le bombardement n'avait pas recommencé. »

L'artillerie prussienne, nos obusiers et nos deux

pièces de marine, faisaient un bruit qu'on percevait dans toutes les directions à 6 ou 8 lieues. Il aurait suffi au général de demander si l'on entendait le canon du côté de Péronne, et il n'y a pas un habitant d'un seul village, ni un homme de son armée qui ne lui eût répondu affirmativement.

S'il en était ainsi, ne devait-on pas attendre que le général, au lieu d'attaquer dans son récit la ville de Péronne, déplorât la fatale erreur dans laquelle on l'avait fait tomber.

On lit dans la brochure du général que, pour s'opposer au bombardement de Péronne dont la nouvelle venait de lui arriver, il se mit en marche, le 2 janvier, contre les forces prussiennes réunies dans la région de Bapaume et de Bucquoy (page 43). Le général livre les combats heureux d'Achiet-le-Grand et de Béhagnies ; le 3, il remporte la victoire de Bapaume ; le 4, des renseignements, aussi mensongers qu'il les croit certains, lui apprennent que le siége de Péronne est levé ; et, après une victoire, *il reprend ses cantonnements à quelques kilomètres en arrière, en remettant à quelques jours la marche sur Péronne si elle devenait nécessaire* (page 47). Du 4 au 12, par suite d'un déplorable concours de fausses nouvelles, le général reste convaincu que le bombardement n'a pas recommencé, et le 13, il écrit la dépêche suivante :

Achiet, 13 janvier, 10 heures 15 matin.

Général Faidherbe à commissaire de la défense, à major adjoint, et à ministre de la guerre.

» J'ai décidé que le commandant de place de Péronne
» serait traduit devant un conseil de guerre pour rendre
» compte de la reddition de cette place lorsque ses

» défenses étaient restées intactes, et qu'une armée de
» secours était à cinq ou six lieues manœuvrant pour
» la dégager.

« *Signé :* FAIDHERBE. »

Quelles sont donc les manœuvres faites par le général Faidherbe pour dégager Péronne ? Il se retire le 4 autour de Boileux, où son armée reste six jours sans faire un pas; enfin le 10, il lui apparaît qu'il n'est pas *suffisamment renseigné* sur le sort de Péronne, et il ordonne un mouvement en avant. (*Campagne de l'armée du Nord*, page 49.)

Quoi ! C'est au bout de six jours que le général trouve ses renseignements insuffisants. Pendant ces six jours, une petite place mal armée, que ne protège aucun fort, supporte avec courage les désastres d'un bombardement impitoyable ; chaque heure voit de nouvelles ruines se produire ; chaque jour accumule les causes d'une mortalité effrayante ; les malades agonisent dans les caves; les enfants, dont les organes délicats ont besoin d'air pur, meurent faute d'oxygène dans les souterrains empestés ; les faibles demandent merci, on leur répond qu'on attend l'armée du Nord, et c'est après six jours que le général Faidherbe change ses cantonnements ; — pourquoi ?... pour aller aux nouvelles. Est-ce là ce qu'on peut appeler manœuvrer pour dégager Péronne ?

Certes, tout cela peut faire penser que de graves raisons ont empêché le général de marcher sur Péronne en poursuivant les Prussiens en déroute. Mais, si c'est l'erreur où il est si malheureusement tombé qui l'a seule décidé à rester à Boileux, au lieu de venir dégager Péronne, il est permis de regretter qu'il n'ait pas simplement reconnu cette erreur, plutôt que de rejeter sur la ville et sur ses défenseurs une accusation qui emprunte au nom de son auteur toute sa gravité.

Pourtant, avant d'écrire sa brochure, le général a dû connaître dans leurs détails tous les faits du siége de Péronne, et savoir les graves raisons qui avaient amené la capitulation.

Ces raisons, les voici :

Le bombardement, prolongé pendant treize jours, avait accumulé ruines sur ruines. Plus de vingt mille projectiles, au moins, lancés sur la ville et représentant environ trente bombes ou obus par habitation, attestent dans la résistance une certaine énergie. Près de quatre-vingts maisons étaient égalées au sol, six cents en partie inhabitables, l'hospice détruit, l'église brûlée. Quelques maisons à peine restaient intactes ; l'ennemi n'avait épargné que les faubourgs.

Tous ces désastres, qui représentent une perte matérielle considérable, ne sont pas pourtant une des causes directes de la capitulation ; car, si quelques plaintes amères se faisaient entendre, elles ne détruisaient pas l'effet moral produit par la sereine résignation avec laquelle les citoyens les plus éprouvés regardaient la perte totale de leur fortune.

Mais Péronne, sans défenses extérieures, n'avait pas été mise en état de résister à un bombardement aussi prolongé. Il est de notoriété publique que le commandant avait fait à ce sujet de nombreuses observations à ses chefs, qui sans doute n'avaient pu remédier à cette situation. L'armement était incomplet et très-défectueux. De plus, une épidémie de variole sévissait avec rigueur quand le siége commença.

L'incendie de l'hôpital, qui avait été l'un des premiers points de mire de l'ennemi, avait obligé de transporter à la caserne tous les malades dont la présence au milieu des blessés développa les germes d'une grande mortalité. En peu de jours, les souterrains, où la majeure partie de la population s'était réfugiée, devinrent des foyers de contagion.

Les rapports des médecins attestent qu'il était impossible de prolonger la résistance sans condamner les habitants inoffensifs à mourir par centaines. Des varioles en grand nombre, des bronchites, des pleuro-pneumonies, des apoplexies, des fièvres typhoïdes, avant-coureurs certains du typhus, enfin des cas d'aliénation mentale donnaient à la situation un caractère des plus alarmants.

Les habitants entassés dans les souterrains, devenus insuffisants et horriblement malsains, ne pouvaient plus résister aux fatigues, aux privations, à l'insomnie ; un grand nombre de personnes manquaient d'abri, par un froid des plus rigoureux ; il était certain qu'en peu de jours la maladie emporterait plus de victimes que n'en aurait coûté un assaut. C'est ce que les médecins civils et militaires étaient unanimes à affirmer dès le 8 janvier. Le nombre des décès, augmenté dans la proportion de huit à un dans les mois qui suivirent le siége, a malheureusement confirmé ces prévisions. La garnison n'était pas à l'abri de la contagion, et un tiers des mobilisés — 30 sur 100 — était incapable de tout service.

A mesure que nos faibles moyens de défense diminuaient, l'ennemi recevait des renforts en hommes et en artillerie, sans que rien au-dehors vint l'inquiéter dans son action. Il était d'ailleurs devenu certain, pour tous ceux qui raisonnaient que l'armée du Nord, avait battu en retraite, et qu'on ne pouvait ni appuyer ses mouvements, ni en attendre un secours.

Dans ces conditions, la continuation de la défense eût été un acte aussi inutile que désespéré,

La ville de Péronne peut avoir la conscience d'avoir fait son devoir. Sa résistance, conduite jusqu'à l'extrême limite du possible, n'a pas été sans résultat : Qui sait si les forces prussiennes qu'elle immobilisait n'auraient pas changé, à Bapaume, le sort de la bataille?

N'est-il pas certain que ses voisines du Nord lui doivent d'avoir été épargnées ?

Plus tard, quand l'histoire du siége sera faite, on citera, non sans fierté, les noms des citoyens qui pendant ces longs jours ont conservé la plus virile attitude, et nous consoleraient de nos malheurs; si nous pouvions être consolés, en prouvant qu'il reste encore en France des trésors de force morale et de patriotisme. Lorsqu'on saura tous les actes de courage et d'abnégation qui se sont accomplis pendant toute la durée du bombardement, au milieu des ruines de la ville, il ne se trouvera plus personne pour accuser la malheureuse cité de s'être trop tôt rendue à l'ennemi. On reconnaitra, au contraire, que Péronne a bien mérité de la patrie. Et si, comme partout, il y a eu quelques hommes à qui l'énergie a manqué, ces tristes exceptions ne pourraient faire oublier la courageuse résignation du plus grand nombre, et la belle conduite de quelques-uns, qui ont su, sans un instant de défaillance, s'exposer à tous les périls, subir toutes les fatigues, exercer tous les dévouements.

ANNEXES

I

A MONSIEUR LE GÉNÉRAL FAIDHERBE

L'ex-Lieutenant-Colonel **GONTRAND GONNET**

Commandant la 3º Légion de la Somme.

PLACE DE PÉRONNE

Péronne (Somme), 10 avril 1871.

Général,

Ce n'est qu'à mon retour d'Allemagne que j'ai eu connaissance de ce qui a été dit et écrit sur la reddition de la place de Péronne.

Je ne suis pas militaire ; une grande pénurie d'officiers après le désastre de Sedan, quelques légers services rendus en 1848, m'ont valu l'honneur d'être appelé, malgré mon âge, à organiser une légion dans la Somme ; je suis donc loin d'être une autorité pour la défense ; le bon sens et l'équité sont mes seuls guides pour juger les faits qui ont précédé et amené la capitulation de notre forteresse.

Pendant six mois, la place de Péronne, tête de ligne au sud des places fortes du Nord, n'a vu ni général, ni officier supérieur pour inspecter ses remparts, son armement, sa garnison, ses embrasures, ses casemates et ses abris. Pour défendre ses approches, la ville, dominée par des crêtes abritées elles-mêmes par des plis de terrain éminemment favorables à l'ennemi, ne possédait ni redoutes, ni ouvrages avancés, ni points d'embuscades préparés. Les remparts armés de quarante et quelques pièces en demandaient quatre-vingt-dix à cent. Les deux tiers de la garnison n'avaient jamais brûlé une amorce. Faire des sorties avec des troupes à moitié équipées, munies d'armes à percussion contre des assaillants prêts à répondre cinq coups pour un, c'était aller au-devant d'un désastre, découvrir notre faiblesse à l'ennemi et décourager les défenseurs de nos remparts décidés à repousser toute attaque de vive force, à l'abri des banquettes.

Notre rôle était donc tout tracé... tenir le plus longtemps possible pour faciliter les opérations de l'armée du Nord et attendre son secours. C'est ce qui a été fait au prix de plus de quatre millions de sacrifices par une petite ville de quatre mille âmes et d'une mortalité postérieure au siége sans exemple en France.

Pendant la bataille de Bapaume dont nous entendions distinctement le canon, nous avons cru à une prochaine délivrance.... et malgré les protestations d'un certain nombre d'habitants, malgré nos ruines qui s'amoncelaient de jour en jour, nous avons réussi à faire prendre patience à la population et à tenir encore pendant sept fois vingt-quatre heures.

Oui, Général, comme on vous l'a fidèlement rapporté, nos murailles étaient presqu'intactes ; mais quand un système de guerre est changé du tout au tout, quand l'ennemi (*sous prétexte d'évitement du sang*) ne s'attache qu'à détruire les hôpitaux, les églises, les monuments publics et ne cherche qu'à ensevelir les populations passives sous les ruines des habitations ; quand une nation longuement préparée se glorifie de ne faire la guerre qu'aux femmes, aux enfants, aux infirmes et aux vieillards enfermés dans les places fortes ; quand enfin nos comités de défense de haut lieu, esclaves jusqu'au dernier jour d'un formalisme excessif et hors de saison, n'ont rien préparé pour protéger les citoyens, la loi militaire faite pour d'autres temps perd de son prestige, de sa rigidité et devient inapplicable : l'élément civil alors se croit autorisé à intervenir dans les conseils de défense et à dire son mot dans les délibérations.

Partisan déclaré d'une défense proportionnée aux moyens de résistance mis à la disposition de la place, le conseil, harcelé par une population ruinée, privé des nouvelles de l'armée et des émissaires envoyés au-devant d'elle, découragé par le silence de l'entourage de la ville et de cette même armée, ce conseil, dis-je, a reculé devant une dernière menace, devant un anéantissement complet... il a capitulé, non pas *scélératement*, comme l'ont écrit dans les premiers moments quelques journaux mal renseignés et qui ont depuis reconnu leur erreur, mais avec des conditions relativement honorables, conditions qui n'ont été accordées par l'ennemi *qu'en raison de la résistance énergique de la ville*... et si une protestation contre la reddition de la place a été rédigée après coup par quelques officiers de la garnison, il faut croire que ces officiers ont obéi à un sentiment que nous partagions tous... le regret d'abandonner à l'ennemi un matériel et des remparts presqu'intacts.

Rien n'a été négligé dans notre petite place pour aider l'armée du Nord et lui servir de point d'appui : c'est ainsi que pour résister plus longtemps, l'élément civil a été autorisé à demander à l'ennemi l'évacuation des malades, la sortie des femmes, des enfants et des infirmes, la réponse a été négative : affirmative, je ne crois pas trop présumer de la bonne volonté de nos concitoyens, délivrés de tout souci, en affirmant que l'ennemi n'aurait pénétré dans nos murs qu'après un siège régulier.

Nos ruines, sans précédents dans cette guerre, attestent que nous avons fait ici notre devoir... et si nos officiers, de retour d'Allemagne, sur des rapports incomplets ou erronés, n'avaient pas eu à supporter d'injustes récriminations, accusés qu'ils étaient tout à la fois et d'une trop longue résistance et d'une reddition trop hâtive, je vous aurais épargné, Général, la lecture d'une lettre à laquelle je ne prétends pas donner les développements d'un rapport régulier.

Recevez, Général, l'expression de mes sentiments les plus dévoués.

G. GONNET.

II

Lors de l'évacuation d'Amiens par l'armée allemande, on a trouvé dans un poêle, des carnets écrits au crayon, relatant les ordres donnés ou transmis à une brigade de l'armée du général de *Gœben*.

Ces carnets, échappés aux flammes, ont été remis à M. Daussy, avocat à Amiens, qui les a traduits et a bien voulu nous les communiquer.

On lira peut-être avec intérêt les extraits suivants, qui concernent directement Péronne.

1er Janvier 1871.

Ordre de détachement pour les troupes qui cernent Péronne.

En prévision que Son Excellence le lieutenant-général de Barnekow n'ordonne pas autre chose, on commencera demain matin (2 janvier 1871) à 10 heures, le bombardement de la forteresse de Péronne, avec les pièces de siège établies sur les hauteurs de la Maisonnette (1).

---

(1) Cet ordre concerne la reprise du bombardement, qui, commencé le 28 décembre 1871, avait été interrompu le 31 décembre et le 1er janvier.

Au même moment, les batteries (3 du 8ᵉ corps d'armée, et 3 de la 3ᵉ division de réserve) se trouvant sur la droite de la Somme, chacune de deux pièces (en tout 16 pièces), seront prêtes à concourir dans de bonnes conditions. Les pièces seront placées à au moins une distance de cent mètres d'intervalle. Les autres pièces et les fourgons resteront dans les cantonnements.

Bataillon de fusiliers 81, Doingt.
2 grosses batteries, Bruntel.
Batterie légère, Doingt.
4 escadrons de hussards, Bruntel.

Afin de couvrir les pièces de campagne, on se contentera d'augmenter les avant-postes. (Pour les 6 pièces du 5ᵉ corps d'armée, un escadron sur l'aile gauche, et une compagnie de l'aile droite sera détachée sur l'aile gauche.) Quand le feu des pièces de bombardement aura commencé, les pièces de campagne plus haut mentionnées commenceront à tirer pendant une heure, en tirant lentement et des coups bien sûrs, seulement 15 coups par pièce, afin qu'il retombe un coup de feu toutes les quatre ou cinq minutes par pièce. Cela fait, les pièces retourneront dans leur cantonnement. Cela sera recommencé les 3 et 4 janvier, chaque fois à 10 heures; cependant on pourra changer les positions des pièces en détail. Il est défendu d'outre-passer la quantité de munitions ordonnée.

Si le feu des pièces de bombardement n'a pas commencé à 11 heures le 2 janvier, les pièces retourneront sans tirer dans leurs cantonnements, mais reprendront leurs positions le 3 à 10 heures.

Le détachement sanitaire logera aujourd'hui sur la rive gauche de la Somme. Pendant le bombardement, on enverra un fourgon escorté des hommes nécessaires à Doingt.

Signé : Von Lenden.

Combles, 1ᵉʳ Janvier 1871.

Le commandant des troupes qui cernent Péronne doit commencer le bombardement le plus tôt possible et sans interruption. Il faut qu'on y emploie aussi les batteries de campagne. Mais il faut qu'elles soient toujours munies des munitions suffisantes, dans le cas où quelques opérations de campagne auraient lieu.

Signé : Von Goeben.

Combles, 2 Janvier, 9 heures du soir.

. . . . Pour demain j'ordonne ce qui suit :

. . . . 4° Le lieutenant-général de Barnekow est requis de mettre en marche les 4 batteries de la 2ᵉ division à pied (corps de marche n° 8) avec 3 bataillons, de telle façon que ces troupes se trouvent à ma disposition à 9 heures près Saillisel (entre Bapaume et Péronne), sous le commandement d'un capable officier d'état-major.

L'attaque sur Péronne sera continuée comme aujourd'hui.

. . . .   *Signé :* Von Goeben.

Boucly, 3 janvier 1871, 1 h. 1/2 du matin.

Ordre pour l'armée d'occupation devant Péronne.

1° Doivent se tenir prêts à marcher à 7 heures et demie sur Sailly-Saillisel, sous le commandement du colonel de Gœben, le bataillon de fusiliers régiment n° 19, et le bataillon de fusiliers n° 69, ce dernier étant à Aizecourt, avec 4 batteries de la deuxième division à pied et un train de dragons d'Aizecourt-le-Haut.

2° Le colonel de Sell prendra la place d'avant-postes avant le départ des fusiliers du 19°, au nord de Doingt.

3° La 2ᵉ compagnie du 1ᵉʳ bataillon du 81ᵉ de Villers-Carbonnel, sera à 8 heures 1/2 à Carligny.

4° Le colonel de Rosenziveig a à empêcher une sortie de la garnison sur Bapaume, dans une position concentrée près Aizecourt-le-Haut ; on met à sa disposition un bataillon de fusiliers n° 29, plus une batterie de réserve de Cartigny qui se trouvera à 8 heures 1/2 à Aizecourt-le-Haut.

5° Les bataillons Hartman et Dresky resteront en position de bataille sur la rive gauche de la Somme et couvriront la batterie de siége.

6° L'état-major de la division ira à 9 heures 1/2 à Cartigny et y restera.

. . . .   *Signé :* Von Barnekow.

14. Le lieutenant-colonel Hildebrandt prendra le commandement sur toutes les batteries de campagne devant Péronne.

15. Jamais et nulle part il ne faut placer de postes simples, toujours des postes doubles.

16. Les batteries doivent rapporter combien de coups elles ont tiré le 2.

Nota. — Demain les batteries de campagne ne tireront pas.

. . . . . . Les fusiliers du 81° remplaceront aux avant-postes ceux du 19°, entre Doingt et Bussu.

Mardi, 3 Janvier 1871.

1. Le détachement se concentrera à Montauban. Le 69ᵉ partira en même temps et marchera par Rancourt sur Mont-Saint-Quen-

tin, où il sera placé sous les ordres du génréal de Barnekow.
(Colonel de Rosenziveig).

5. Le commandant des troupes d'investissement de Péronne continuera avec énergie le bombardement et maintiendra l'investissement aussi longtemps que la sécurité des troupes d'investissement le permettra. Il faut donc placer les avant-postes sur Bapaume et sur Cambrai.

. . . .
Signé : Von Goeben.

4 Janvier 1871, 8 heures du soir.

4. Le commandant des troupes d'investissement de Péronne doit faire en sorte que les pièces et munitions de La Fère soient amenées le plus tôt possible à Villers-Carbonnel et mises à la disposition du colonel de Runke. Le colonel de Runke doit faire venir immédiatement les munitions qui se trouvent disponibles à Amiens.

Signé : Von Goeben.

III

DERNIÈRE SOMMATION

Cartigny, 9 Janvier 1871.

A Monsieur le Commandant de la Place de Péronne.

Monsieur,

Après le départ des troupes françaises qui ont combattu près de Bapaume les 2 et 3 janvier, ainsi que comme la place de Péronne a été cernée et bombardée, il me semble que la défense ultérieure de la place n'aurait pas de raison d'être.

J'ai donc l'honneur, Monsieur le Commandant, de vous proposer de faire cesser une défense désormais inutile, en vous promettant M. le Commandant, qu'en vertu de votre résistance énergique, je vous accorderai des conditions honorables.

J'ajouterai que la prolongation des hostilités ferait plus de mal à la ville de Péronne qu'à l'armée prussienne, raison de plus pour ne pas défendre plus longtemps un point fortifié qui n'a aucun espoir d'être débloqué.

J'attendrai la déclaration de vos intentions jusqu'à onze heures.

En cas que vous ne seriez pas d'accord de traiter avec moi, je continuerai le bombardement de la Place avec les batteries de siège qui viennent d'arriver et d'être mises en position.

Le général de division,
Signé : Von Barnekow.

Péronne. — Imp. Récoupé.

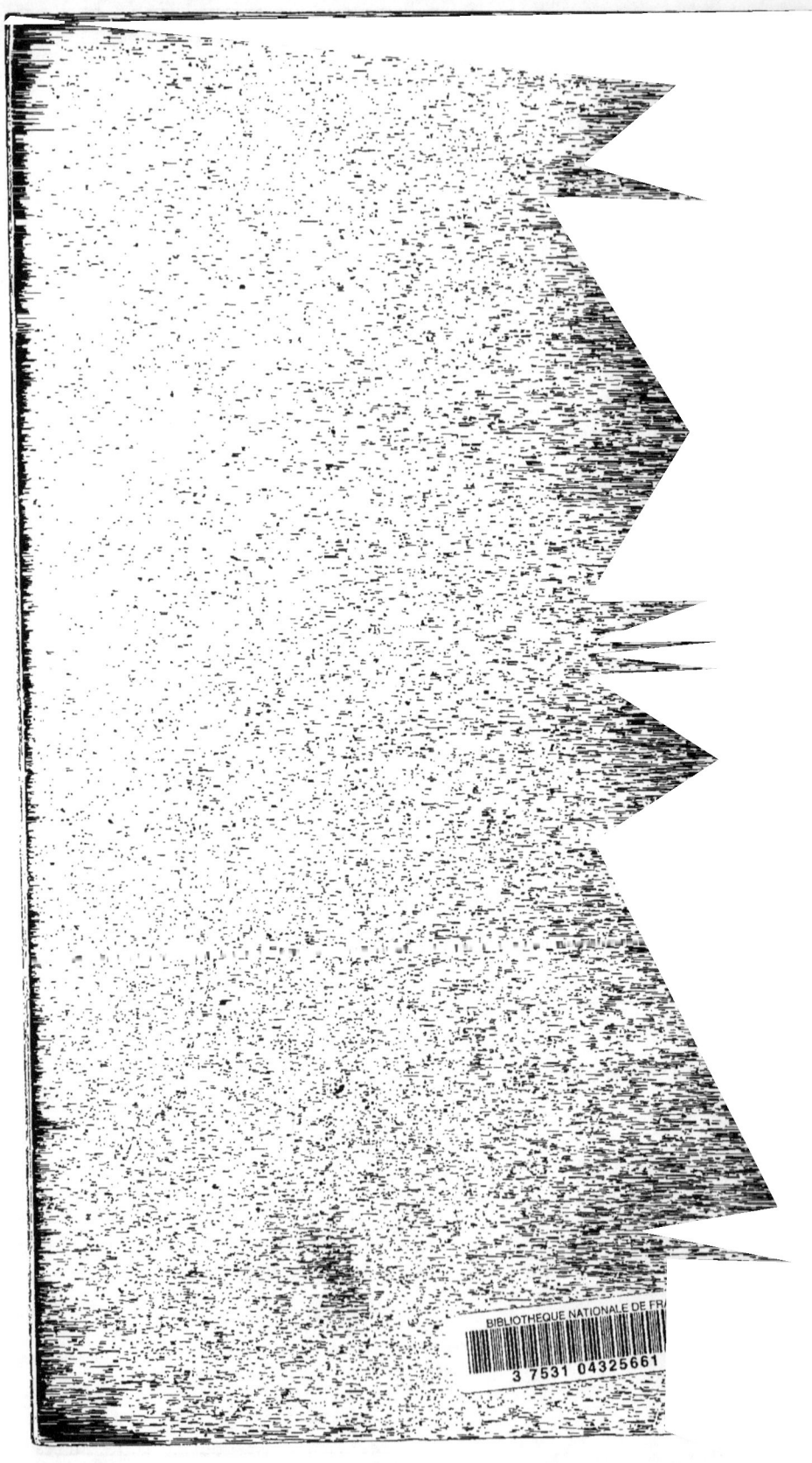

www.ingramcontent.com/pod-product-compliance
Lightning Source LLC
Chambersburg PA
CBHW061008050426
42453CB00009B/1324